Serie Aventuras al aire libre

RESERVA NATURAL:

Una aventura escolar

Lorraine Ward
Laura Jacques

ini Charlesbridge

Con profundo reconocimiento a la gente maravillosa de Aransas National Wildlife Refuge en Texas.

Nuestras gracias a Verplanck School, Manchester, CT

Sr. Doug Townsend, director, y
la clase de 3er grado del curso de 1992 de la Srta. O'Reilly

Sharon Bailey, Jennifer Barbieri, Dane Bundy, Justin Clark, Nicole Everett, Grace Han, Gordon Hood, Thomas Irwin, Nathan Jackson, Gerald Jenkins, Ryan Kaiser, Charissa Kearney, Mona Khan, Paul Molinari, Marco Morelli, Kasey Quaglia, Michelle Rodriguez, Joannah Smith, Mimi Torres, Justin Turner, Tyno Vilayvong, Amanda Young

Publicado por
Charlesbridge Publishing
85 Main Street
Watertown, MA 02472
(617) 926-0329
www.charlesbridge.com

Impreso en los Estados Unidos de América

(sc) 10 9 8 7 6 5 4 3 2 1
(lb) 10 9 8 7 6 5 4 3 2 1

Impreso en papel reciclado

Library of Congress Cataloging-in-Publication Data
Ward, Lorraine.
 [Wildlife refuge: a classroom adventure. Spanish]
 Reserva natural: Una aventura escolar / por Lorraine Ward; ilustrado por Laura Jacques; [traducido por Mariflor Salas].
   p.   cm.
 ISBN 0-88106-645-1 (reinforced for library use)
 ISBN 0-88106-812-8 (softcover)
 1. Wildlife refuges—Juvenile literature. 2. Wildlife conservation—Juvenile literature. [1. Wildlife refuges. 2. Wildlife conservation. 3. Spanish language materials.]
I. Jacques, Laura, ill. II. Title. III. Series.
QL83.W3818 1994
639.9'5—dc20   93-41348
                                                      CIP
                                                      AC

Cassie y Danny estaban leyendo un libro que se trataba de una reserva natural.

"¿Cuándo nos vamos, Sr. Wilson?" preguntó Cassie.

"Muy pronto", contestó el Sr. Wilson. "Recuerden que los animales que vamos a ver allí son salvajes. Una reserva es muy diferente a un zoológico. Ambos tienen propósitos distintos".

Lo primero que vieron cuando llegaron a la reserva fue un mapa muy grande. Patti, la guía, les señaló las diferentes partes de la reserva. "Las áreas costeras son tierras pantanosas. Fuera de la costa, las tierras son más secas y por lo tanto en ellas hay diferentes clases de plantas y animales. Estas líneas muestran la ubicación de los senderos y de las áreas de picnic. ¡Vamos!"

"¿Para qué son estos caminos de madera?" preguntó Jimmy.

Patti explicó: "La mayoría de las plantas que crecen aquí sirven de comida o casa para los animales. Los caminos de madera evitan que las pisemos".

"¿Por qué a este lugar se le llama reserva natural?" quiso saber Sara.

"Esa es una buena pregunta", dijo el Sr. Wilson. "Muchos de los animales que viven aquí son raros o están en peligro de extinción. Sin nuestra ayuda, algunos podrían desaparecer pronto".

"Esta reserva les proporciona a los animales un lugar para vivir y le ofrece a la gente la oportunidad de observarlos y de aprender a ayudarlos. Otros animales vienen a criar a sus bebés en un sitio protegido".

Los niños observaron a una familia de patos que nadaba alrededor. De repente, los patos sumergieron la cabeza en el agua.

"¿Qué están haciendo?", preguntó Danny riendo.

"Están chapoteando", dijo Patti. "Buscan comida debajo del agua. Los patos comen plantas acuáticas, insectos y renacuajos".

"¿Están todos los animales que viven aquí en peligro de extinción?" preguntó Molly, quien pensaba que los patos no eran animales raros.

"No" dijo Patti. "Esta reserva protege a algunas especies en peligro, y les da un lugar seguro para vivir a muchas otras, de forma que no estén en peligro".

"Pero ¿dónde están todos?" preguntó Molly. "¡Hasta ahora sólo he visto patos!"

"Oh, aquí están", dijo Patti, "pero tienes que observar cuidadosamente para poder verlos aquí. Por ejemplo, ¿se ha dado cuenta alguien de que allí hay un caimán?"

"¡Oh" dijo Cassie. "Yo creí que era un leño. ¿Por qué a esos pájaros no les da miedo estar tan cerca de él?

"Ellos saben que este caimán prefiere comer tortugas, ranas y peces", dijo Patti.

"Oh, pobres ranas" dijo Sara. "Yo pensé que en la reserva ellos estaban protegidos".

Patti explicó, "Nosotros protegemos a los animales dándoles un sitio adecuado para vivir donde ellos puedan encontrar su propia comida. Por eso somos diferentes a un zoológico".

"No te sientas mal por las ranas. Si no hubiera animales pequeños, los grandes, como aquel ibis blanco, no tendrían qué comer. Sin animales grandes, habría demasiados animales pequeños en esta área. Todo ésto es parte de lo que llamamos el balance de la naturaleza".

"De verdad que hay muchos pájaros aquí" dijo Miles mientras caminaban por el muelle.

"Sí" dijo Patti, "las tierra pantanosas son perfectas para los pájaros porque hay cangrejos, caracoles, ranas, insectos, semillas y peces que a ellos les gusta comer. Espero que desde el barco veamos a nuestro pájaro más famoso, la grulla chillona".

"¡Hace cincuenta años quedaban muy pocas de estas grullas! Ahora hay más de un centenar de ellas, gracias a las nuevas leyes que las protegen y a reservas como ésta", dijo Patti.

"¿Por qué se les llama chillonas?" preguntó Cassie.

Patti explicó: "En vez de piar, graznar o gorjear como otros pájaros, ellas hacen un sonido parecido a un chillido".

"Ahí están" exclamó Patti, señalando hacia la costa.

"¡Qué grandes son!" dijo Sara.

"Las grullas chillonas son los pájaros más grandes de Norteamérica", dijo Patti. "En el otoño vuelan hacia el sur y se quedan allí hasta la primavera. Después vuelan miles de millas hacia el norte, donde hacen sus nidos en el verano".

De repente Sara se volteó. "Creo que vi a un delfín" gritó. "Allá".

"Probablemente lo viste", dijo Patti, al mismo tiempo que todos se volteaban para mirar. Pocos minutos después vieron unos delfines saltando fuera del agua.

"¡Miren, nos están acompañando!" exclamó Bobby.

"Aquí tenemos otros pájaros en peligro de extinción", señaló Patti. "¿Ven aquellos pelícanos?"

Los niños se rieron al ver a un pelícano marrón que se zambulló en el agua y salió con la bolsa llena de pescados.

"Oh, ojalá yo pudiera agarrar peces así de rápido", dijo Miles.

"Nosotros no podemos atrapar peces para el almuerzo como un pelícano, pero tenemos un picnic que nos está esperando", dijo el Sr. Wilson cuando estaban desembarcando. Mientras comían, Patti les habló sobre algunos de los animales que debían buscar después del almuerzo.

"¿Veremos algún gato montés?" preguntó Anita.

"No lo creo", contestó Patti. "Los que viven aquí son el yaguarundí, el puma y el lince. Ellos se esconden de día y cazan de noche. Estos felinos tienen un camuflaje tan bueno que son difíciles de ver. Sus rayas y motas se combinan de una forma tal que podríamos pasar al lado de un lince dormido y no nos daríamos cuenta".

"Tenemos que estar muy quietos en la pradera si queremos ver a los animales", dijo Patti mientras se ponían en camino.

Justo entonces Bobby exclamó, "¡Miren!". Todos se voltearon rápidamente, pero la mayoría vio sólo un movimiento de hojas a medida que dos venados se precipitaban hacia un matorral.

"Ay, se me olvidó que teníamos que estar quietos. Lo siento", dijo Bobby.

"No importa", susurró Annie, "pero no hagas ruido ahora y voltéate lentamente". Esta vez Bobby estuvo muy quieto. Todos giraron lentamente y vieron a un mapache excavando el fango en la orilla.

"¿Para qué está excavando?", susurró Annie.

"Está buscando comida", dijo Patti en voz baja. "Los mapaches comen toda clase de cosas. Aquí ellos pueden encontrar caracoles y cangrejos de río. ¿Ven como parece que lavan su comida antes de comérsela? ¡Allá hay otro mapache agarrando peces!"

"A veces podemos enterarnos de la presencia de un animal sin necesidad de verlo", dijo Patti. "Esta ondulación que vemos en la tierra nos dice que aquí estuvo un topo excavando su madriguera. Los topos casi nunca salen de sus madrigueras. Ellos atrapan gusanos e insectos cerca de la superficie y viven en madrigueras profundas que cubren con hojas y yerbas".

De repente Molly se quedó boquiabierta. "¡Veo un armadillo!" susurró.

"Tenemos suerte de poder ver un armadillo tan temprano en el día", dijo Patti. "Al igual que nosotros, los animales hacen cosas distintas en momentos diferentes del día. Usualmente los armadillos salen a buscar comida más tarde".

"Miren ese pájaro", exclamó Ryan. "Creo que está herido". Patti dijo riéndose: "Eso es lo que él quiere que creas. Se le llama frailecillo; actúa como si sus alas estuvieran rotas. De esta manera aleja de su nido a cualquier intruso peligroso como nosotros. Vámonos".

Mientras miraban, un jabalí salió galopando entre los árboles de roble y fue directamente hacia el frailecillo, el cual huyó volando.

"¿Se iba a comer ese pájaro?", preguntó Anita.

"No", contestó Patti, "pero a los jabalíes les gustan los huevos. Un jabalí come cualquier cosa, incluso las sobras que quedan alrededor de las áreas de picnic.

De repente se oyó una ruidosa pelea entre los árboles. "¿Qué es ese ruido?" preguntó Cassie.

Patti hizo señas para que guardaran silencio y los guió hacia un matorral de pequeños árboles de roble. Entonces observaron a dos pavos luchando para ver cuál de los dos se quedaría a vivir en el árbol. "Muchos animales compiten así por su territorio", dijo Patti.

Se estaba haciendo tarde, así que comenzaron a regresar hacia el sendero. Ryan se paró en seco al ver a una serpiente deslizándose por debajo de unas hojas. "¿Hemos estado caminando rodeados de serpientes?" gritó.

Patti sonrió. "La mayoría de las serpientes son inofensivas", dijo ella. "Esta serpiente escarlata es una de las más hermosas que tenemos".

"¿Hay muchas serpientes por aquí?" preguntó Ryan.

"Sí", dijo Patti. "Tenemos más de 30 clases diferentes, y aún cuando la mayoría no hace daño, la serpiente cabeza de cobre y la serpiente cascabel son venenosas. Así que, al igual que con los animales salvajes, no se deben tocar las serpientes. "Oh", dijo Ryan, "¡no necesitas preocuparte por eso!"

Cuando caminaban hacia la oficina de información vieron una gran ave rosada que oscilaba su cabeza de un lado a otro. "¡Qué pico tan raro!" dijo Jimmy. "Parece una cuchara".

"Por eso se le llama espátula o ave de cuchara", dijo Patti. "Usa el pico para sacar animales y peces pequeños de las aguas poco profundas".

De regreso en la oficina de información, Patti les habló a los niños acerca de algunos de las 450 reservas naturales que hay en el país. "Cada una protege a los animales y plantas que necesitan ayuda. Las reservas nos pertenecen a todos, y nos muestran cómo los animales salvajes pueden ser libres y estar protegidos al mismo tiempo".

"Esto fue divertido", le dijo Ryan al Sr. Wilson cuando subían al autobús. Voy a averiguar que clase de animales viven en otras reservas".

"Esa es una buena idea", dijo el Sr. Wilson.

"Adiós, gracias Patti", gritaron los niños. Mientras se despedían, una familia de zorros dejó de jugar para verlos partir.